Expresiones
de un caballero

Expresiones de un caballero

Jose Machuca Fuentes

Para realizar pedidos de este libro, contacte con:
Palibrio
1663 Liberty Drive
Suite 200
Bloomington, IN 47403
Gratis desde EE. UU. al 877.407.5847
Gratis desde México al 01.800.288.2243
Gratis desde España al 900.866.949
Desde otro país al +1.812.671.9757
Fax: 01.812.355.1576
ventas@palibrio.com
450353

ÍNDICE

DEDICATORIA

Toda letra de cada palabra, oración o párrafo se la dedico al amor y a la vida los cuales son procedentes por nuestro padre celestial sin el no podría escribir una expresión, redactar alguna escritura o expresar mis sentimientos en un poema..., también a mis seguidores los cuales sin sus argumentaciones a favor o encontrar no podría mejorar mis fallas ni superar mis metas más con el apoyo y consentimiento de quien en mi vida siempre ha estado a mi lado confiando en todo instante en la realización de mi preciado sueno..., expresiones de un caballero..!!

INTRODUCCION

Varias escrituras de este libro son basadas a, algunos sucesos o experiencia de la vida real, las cuales al leerlo te hará sentir y saber cuál fue o es compatible con tu vida pasada o presente por que la futura comienza en cada segundo que respiras...

Toda expresión es proveniente del corazón con la certeza y realidad de los sentimientos crecientes en lo más profundo del mismo...

Los poemas otorgados a cada página contienen gran inspiración de éste autor proyectada e impulsada por el mayor sentimiento llamado amor o historias redactadas por mis fieles seguidores los cuales también se han convertido en mi inspiración...

Más por esa unión de la escritura, expresión y poemas obtienes lo más romántico, verídico y sentimental en un sólo libro llamado expresiones de un caballero...

JUCIO DE AMOR

Acuso a tu persona de haber mi corazon robado dejándome enamorado, mi persona tiene que acusarte y no es que desee humillarte pues tienes ese gran arte de todo en mi apoderarte, varios delitos cometiste y en todos algo de ti en mi existe pues a mi conciencia dijiste que no me afectaría cuando a mi lado tu no estarías, el delito menos grave es que a mi corazon no obligaste que dé el tuyo fuera a formar parte más en mi memoria gravaste de tu cuerpo el semblante para que no pueda olvidarte, llegándote a asegurar de que no te pueda borrar al amor lograste utilizar, mi alma pudiste envolver con la ayuda de todo tu ser haciendo que seas la única a la que pueda reconocer, mi subconsciente dice presente en este caso existente llenandome de valor en este juicio de amor, mis venas en las cuales hiciste que sintiera una corriente interna provocando que la pasión tuviese en total desconcentración logrando que hacía a ti aumentara toda ilusión y acaparar para ti toda la atención, antes de cerrar la sección quiero entrar en conclusión trayendo mis cinco sentidos como testigos más mi vida sabe lo que hoy digo, mi sentido auditivo que solo te escucha a ti en definitivo, el olfato con el cual puedo oler y saber lo cerca que estas de mi ser, mis ojos que no pueden dejar de tu hermosa figura mirar, el tacto porque en el todavía siento el impacto en mi de haber podido acariciarte a ti, el gusto de tu boca siento en la mía un sabor que desconocía quedándose desde que te bese sin poderlo desaparecer, en el jurado hemos creado confusión sin que lleguen a tomar una decisión en este juicio de amor todo ha quedado para la próxima citación y en EL VEREDICTO se sabrá de este caso la decisión ...

MIRADA DE DESPEDIDA

Siempre estuve en sus presentes cuando más me necesitaban sin importarme si todo mi tiempo acaparaban, echando mi familia hacia adelante evitando que ninguno de la misma se aparte, brindándole mi mejores concejos enseñándoles que la vida no es un juego, y que si aprenden a todo el mundo respetar cuando falten nadie los llegara a olvidar, como en este momento que físicamente ven que les voy a faltar pero en sus corazones siempre voy a estar decidiendo una vez más abril mis ojos y aquí en este mundo mi última mirada lleguen a apreciar, mas dejándole saber a todos que los voy a extrañar y junto a mi padre celestial los voy a esperar porque sé que es junto a él que nos volvamos a re-encontrar...,

Escrito a la memoria de abuela **LUCY**...

(LUZ C. TORRES LEANDRY)

AJENO AL MUNDO EXTERIOR

Solo escuchas y sientes mi corazón latir y por ahora no me puedes ver a mí, estoy en un lugar obscuro pero ahí me siento seguro, aunque por ahora no te pueda ver se los movimientos que sueles hacer, puedo escuchar varias voces pero solo una es la que mi corazón reconoce más tus pensamientos llegan a mi con certeza en el mismo momento que los tienes en tu cabeza, siento si me quieres o no porque me lo dice tu corazón es el único que por lo que me dice perderia la emisión de también saber si deseas verme y en tus brazos tenerme, pasando el tiempo me siento contento porque sé que tu querer hacia mi va en aumento y en algunos momentos escucho que me lees un cuento, ya mi silueta puedes visualizar y engrandecen tus deseos de querer conmigo estar sabiendo que en poco tiempo tu vida presente y futura yo podría cambiar, calmando tu ansiedad de ya saber si somos completamente de gran igualdad, llego el momento esperado de estar entre tus brazos y sentir en mi cuerpo de tu corazon los palpitazos, llenandome de caricias y besos me das a entender que es de mi vida el gran comienzo más en ese momento de mi nacimiento llegue a pensar que en la obscuridad la cual estaba senti en alguna ocasion una negativa vibración de otros fetos que tuve algún tipo de comunicación pues no habían tenido de la mía similar situación al no tener la aceptación de quien para ellos pensaban que serían una bendición en espera de ese horrible momento de sentir como despedazan su cuerpecito succionándolo como basura sin ninguna piedad o ternura conociendo ese único horror y quedando ajenos al mundo exterior...

AJENO DE TI MISMO

Al perder tu memoria borras tu pasado en ti, todos te recuerdan y tú no sabes ni quien eres viajando mentalmente a otro mundo sin esperar nada para tu presente o futuro, borrándose completamente tus secretos los cuales permanecían solo en ti, sosteniendo una mirada de tristeza como si en el fondo de tu alma supieras lo que te está sucediendo en ti sin poder hacer nada, solo dejándote llevar por los pasos, pensamientos, audiciones y decisiones de otro adaptándote ajenamente a ese ritmo de vida lo cual no es vida....!(ALZHEIMER'S) ...

AJENO

Quisiera el tiempo retroceder para así poder entender lo que en mi vida hoy causa curiosidad y nunca llegue a conocer, no culpo a la vida pues ella se adapta a lo que uno mismo decida tampoco culpo al tiempo aunque en ocasiones se torna inoportuno siendo amigo de todos y aliado de ninguno, solo hubiese querido sentir ese amor infantil que otros me cuentan el cual en sus vida pudo existir..., sensaciones, emociones y sentimientos que por razones ajenas nunca llegue a sentir ni tenerlos en esos momentos, hoy en día todavía vive en mi esa fantasía y nunca sabré la realidad de como en el puro e inocente corazón se sentía, según quien pudo tenerlo con emisión me decía sin saber que en mi infancia nunca llego a existir lo que hoy en mi presente da vueltas en mi cabeza del porque no lo llegue a vivir, no quiero hacer sentir a nadie mal por esta escritura que de mi corazón he podido redactar más se que ajeno a todo me voy a quedar y solo las experiencias positivas en mi vida recordar ...

ALEJADO DE TI

Siento perderte cuando no estas presente me acostumbraste a estar a tu lado y en tu ausencia te extraño, ocupo mi mente para no pensar en ti pero los recuerdos vuelven a insistir dejándome bien claro que de tu lado yo no me puedo ir, la razón se une a la batalla para no sentir que mi corazón estalla y mi cuerpo se desmaya, mis pulmones se niegan a recibir todo aire fresco para combatir el hecho de no tenerte aquí, mis sentidos no quieren reaccionar hasta que a tu lado nuevamente yo pueda estar, descontrolado de lo que puedo hacer conmigo pues me enseñaste a estar contigo pero no a enfrentar y soportar el poco tiempo que a tu lado no iba yo a estar...

AMARTE A TI ES

Amarte a ti es, haber sentido cariño y una atracción única hacia a ti desde el día en que te conocí...

Amarte a ti es, haber despertado un te quiero en una sana amistad y con el paso del tiempo el cual me cedió del amor la prosperidad de convertirlo en un te amo por nuestra propia voluntad...

Amarte a ti es, ponerme nervioso en el momento maravilloso que caminas hacia mi provocando que tiemble todo mi existir...

Amarte a ti es, desear en cada noche en mis brazos tenerte y así en esos momentos con todo amor y ternura poder acariciarte...

Amarte a ti es, hacerte sentir que no tengo sexo contigo que el amor es lo que haces conmigo diferenciando nuestro querer de otras personas que solo sus deseos quieren saciar y complacer...

Amarte a ti es, que por mi mente no llegue a pasar ninguna idea de quererte engañar sintiendo los dos la seguridad de poder en nuestro amor confiar...

Amarte a ti es, darle gracias a nuestro padre celestial por haberte puesto en mi camino entendiendo que amarte a ti será mi destino...

AMOR DE OTRO IDIOMA

De sólo a esa persona yo ver, sentí dentro de mí que de amor iba a enloquecer, sólo la observaba logrando atraerme más la forma en que miraba, buscando yo la oportunidad para acercarme pero con la preocupación de que llegara a rechazarme, decido ir hacia donde esta y hablarle, quedándose callada solo se dedicaba a mirarme, al decidir hablarme una sorpresa me llevé inesperadamente pues tu idioma era diferente y no podía entenderte, en ese momento me sentí en un obscuro laberinto porque nuestros dialectos eran distintos, logrando sólo por señas comunicarnos pues una oportunidad deseábamos darnos, aprendiendo tú de mí y yo de ti... Al poco tiempo ya el idioma del otro estábamos hablando, llegando así a demostrar que en el amor en cualquier idioma se expresa y se siente igual...

AMOR DE TINIEBLAS

Desde que te vi desee que fueras parte de mí y algún dia poder decir que eres la razón de mi existir, llenandome de valor caminando acompañado por el sentimiento llamado amor, te expreso mis deseos hacia ti sonriéndome me dices que conmigo no puedes dialogar ahí, me pides que te siga con gran disimulo llevándome a un lugar obscuro, sin decirme casi nada sentí como todo mi cuerpo me besabas y en solo un momento yo estaba en tu apartamento, me pides que te hiciera mía más yo pensaba que era la primera vez que tan cerca de mi yo te tenia cediendo a lo que querías, ya pasado los días en mi vida de día yo no te veía solo en lugares donde no nos conocían o en la obscuridad cuando más cerca te tenía diciéndome el no querer tener la mala experiencia de que me aparten de tu presencia porque no sabrías que hacer sin mí en tu existencia, pasan los días y no entendía pues aquí a mi lado yo te quería, visitando otro estado te veo con otra persona agarrada de mano habiéndome percatado que un aro de matrimonio en tu dedo habían colocado pues entendí y visualice que eras una persona casada y yo no sabía nada por eso era que en la obscuridad sólo conmigo estabas, mi corazón se quebranta sintiendo que todo en mí tiembla arrepentido de haber obtenido un amor de tinieblas...

AMOR IDEAL

He sentido el amor en mi desde que senti mi corazon latir lo
he dejado encerrado y cautivo para poderlo regalar y brindar a
ese amor ideal que desee con mi corazón unido estar, la eh visto
de frente y desde entonces en mi mente su imagen ha quedado
presente, impactando mi corazón dejándolo de amor herido y
no con una flecha de cupido, fue desde la primera vez que mis
ojos te había visto mi mente en ti ya pensaba y mi corazón le
afirmaba haber visto un ángel que frente a mi estaba, me
acerque para mirarte y una sonrisa me regalaste pensé que era
un sueño pues tu corazon no tenía dueño mi corazon rodeado
de mis sentidos me acababan de confirmar que la búsqueda
aquí iba a terminal sabiendo que había encontrado el amor
ideal...

APRENDIZAJE DE TU TRAYECTORIA

La vida: te enseña a luchar por lo que quieres, pero también te enseña a dejar ir lo que quieres cuando no es para ti aunque te llene de dolor y desilusión...

El destino: te enseña a que no todo lo que obtienes sea negativos o positivo es por causa de él, dejándote claramente saber que son por tus esfuerzos o espera para obtenerlos fácilmente con una rutina diaria creada por uno mismo...

El tiempo: te enseña que no todo lo que desees lo obtienes en el momento y cuando te invade la prisa es el comienzo de tus errores tras otro tornándose mas difícil lo proyectado a realizarse...

La confianza: la que te hace ver cuanta credibilidad tienes para llegar a la meta fijada...

Tu personalidad: que de ella dependes y es de gran ayuda para abril puertas o provocar que te las cierren sin ni si quiera haberte expresado...

Las apariencias: que engañan no solo a uno, más en el momento que las analizas a fondo te das cuenta que todo no es como siempre lo vez...

El enojo : que en ocasiones te da fuerzas para seguir o neutralizar tus logros al no pensar lo que haces, reflejándose todas en cierto modo en tu existencia la cual va conectada a tu vida para luchar por un destino de gran esfuerzo, obteniendo tus metas y triunfos con un tiempo requerido lleno de calma y paciencia pero sin espera a que llegue solo a tus manos, brindándote la confianza para seguir hacia adelante dejando conocer tu personalidad evitando que se dejen llevar solo por las apariencias, mas pensando lo que haces para no obtener un enojo y tus logros se tornen insignificantes...

AQUI POR SIEMPRE

Pasan los años y mis sentimientos hacia ti continúan existente, no me sorprende porque desde que te conocí supe que aquí por siempre estarías en mi vida presente, sintiendo todo el tiempo una ansiedad sin fin a causa de mis deseos de tenerte frente a frente conmigo aquí, recordando cuando yo en la distancia te decía que un libro de poemas y expresiones yo escribiría, redactándote de todo lo que deseaba escribir sorprendida y confundida te pude sentir ya que con algunos de ellos te llegue yo a describir, con mis emociones en descontrol por el hecho de tenerte tan cerca por la tecnología y con una tristeza inoportuna pues al abril mis ojos aún lejos de mi tu permanecías, siendo la que junto a la distancia provocaría que con puño y letra mi amor por ti yo siempre escribiría el cual proviene desde lo más profundo de mi corazón estremeciendo todo mi cuerpo, desorientando la razón haciéndola llegar hasta mi pasión, tornando mi mente ajena e inconsciente pues en mis brazos aquí por siempre quisiera tenerte ...

ATREVETE

Atrévete a sentirte amada por alguien que con el corazón te ama...

Atrévete y dejaras de buscar un amor que te vaya a valorar...

Atrévete para así desmentir a aquellos que afirman solamente en la cama el amor sentir fingiendo para solo sexo conseguir...

Atrévete y no tendrás que decir una sola palabra porque entenderás lo que mi mirada te habla...

Atrévete a sentirte ansiosa cuando te exprese un te amo regalándote rosas...

Atrévete porque cuando estés frente a mí un abrazo sin fin te daré yo a ti y nunca de mis brazos te desearas ir pues protegida te vas a sentir...

Atrévete y nunca desearas olvidarme ni estar los dos alejados cada uno en otra parte... Atrévete a dejarme en tu mente y tu vida haciéndome sentir que nunca de mi alma tendrías una salida...

Atrévete a solo atreverte a despertar ese amor que por mucho tiempo a estado durmiendo en tu subconsciente y que una mala experiencia no pueda retenerte para obtener la felicidad en este presente y en el futuro que por nadie toma una pausa ni dice detente...

AUSPICIADO POR....

JLMPRODUCTION...

(JOSE L MACHUCA FUENTES)

413-364-0463

BLOOMING BEAUTIES...

(LOURDES M. CORTEZ)

413-883-4258

HIRAM PHOTO STUDIO...

(HIRAM DE NEGRON)

860-985-5206

SON D'EBANO... PR DANCER'S...

(EILEEN TORRES)

787-226-7372

!!COMING SOON!! * EL ULTIMO CABALLERO *... BY JOSE L.
MACHUCA... FUENTES, *DIAMANTE DE VIRTUDES *... BY ANNA
E. DIAZ... & * SENTIMIENTOS DE UN CABALLERO *... BY JAZMIER
MILLAN *...

UN ADIOS DIFERENTE

Mi vida la haz dejado vacía con tu partida causándome heridas de por vida que nunca tendrán de mi pecho ninguna salida, mi alma toma posesión de mi dolor para que mi corazón descanse de todo este percance ya que se ha desbordado de sufrimiento y en todo mi ser es lo único que siento, quisiera que fuese un mal sueño pues desde donde estas ahora con más certeza sabes que de mi corazón siempre serás el dueño, quiero superar todo y seguir adelante pero es difícil porque antes que nada ni nadie siempre te coloque a ti adelante, me siento morir en vida y eso en mí nunca tendrá una salida, intento día a día con las fuerzas que todavía en mi quedan restaurar mi semblante pero es que sin ti se me hace difícil seguir hacia adelante ya que eras de los demás diferente y no porque te allá llevado en mi vientre.., TE AMO y siempre te AMARE att... MAMA... By JLMF www. elultimocaballero.blogspot.com (Escrito para María Gautier a la memoria de su hijo Jared).

CARTA PARA QUIEN AME

Me canse de esperarte para darte mi amor el cual mantenía mi alma ilusionada y aunque sabias que yo te esperaba con tu desatención me hacías entender que nada te importaba, todo sentimiento hacia ti ha disminuido en mí y al enterarte desearas que no sea así esperando que yo este frente a ti diciendo que de lo que acabo de expresar en esta carta me arrepentí, no te guardo rencor porque una vez por ti sentí un gran amor el cual de enloquecer senti temor, ignorabas mis detalles provocando que mi boca en ese momento se calle y mi corazón de tristeza sienta que estalle, frente a ti te lo deseaba comunicar pero sabía que para escucharme de tu tiempo no ibas a sacar por eso en una carta te lo decidí notificar, no es un adiós es una corta despedida porque sé que en algún momento te encontrare en la vida y te brindare lo que mi corazón en ese instante decida más seguro estoy sabiendo tu como soy sentirás que es mi amistad lo único que en ese re-encuentro te doy....

COMPATIBILIDAD DIFERENTE

Pensé haber encontrado la persona correcta para que estuviese a mi lado pero con el tiempo todo en nosotros ha cambiado es de lo que últimamente me eh percatado y tú me lo ha demostrado eliminando la posible idea de que yo esté equivocado y de que la compatibilidad en nosotros no fuera diferente me quede ilusionado, al principio de nuestra relación me lo decía la razón que era muy rápido para hacerle caso al corazón pues es al primero que lo abraza la ilusión y se deja llevar por lo que los ojos ven en ese momento una linda cara o un hermoso cuerpo sin saber nada de los sentimientos, analizo nuevamente nuestra relación amorosa sin encontrar nada igual pues mis pensamiento de los tuyos haz logrado separar sin la semejanza de nuestros actos al mismo tiempo efectuar los cuales nos hacía pensar día a día o cada vez que sucedía que entre nosotros la telepatía existía, pero todo eso quedo atrás porque real e inesperadamente nuestra compatibilidad se ha tornado diferente ....

CORAZÓN UTILIZADO

Eh seguido la búsqueda de tu amor nuevamente por un tiempo indefinido haciéndome sentir herido, te busco sin poder encontrarte, te llamo y tampoco logro escucharte deseando contigo estar evado todo pensamiento de que tu corazón al mío no lo desees volver a acercar, teniendo presente y sin querer entender que solo me buscas cuando te sientes deprimida y a nadie a tu lado logres en ese instante tener, escuchando todo lo que te ha causado dolor te aconsejo y de mi te brindo de ese momento lo mejor, me pides un abrazo para no sentir de tu cuerpo un colapso emocionando mi corazón al nuevamente pensar que por esas malas experiencias a mi irías a regresar sabiendo que conmigo nada que te hiera podría pasar, pero ya pasado tu dolor y estando más calmada veo cómo te vas y te pierdes en la nada, dejándome similarmente como en otras ocasiones con una lagrima gemela a las anteriores al aumentar de que te quedes conmigo mis ilusiones, desde hoy intentare de mi corazón sacarte pues por mensajes me has podido confesar que con mi amor lo que hacías era solamente jugar logrando al momento mi corazón de mi pecho arrancar más aun así no te desee algún mal porque sé que alguien en ti va a terminar el dolor y juego que en mi lograste comenzar....

DE CORAZON A CORAZON

Perdí mi corazon y sé que esta con el tuyo confiando eternamente que lo trataras como al tuyo, sabía que eso sucedería que a ti el correría más tu con él te quedarías, él ha dejado un hueco en mi pecho y todavía de sus latidos escucho el eco, no estoy decepcionado porque sé que no es en vano pues tu mi corazon haz aceptado y él te ha comunicado que de ti yo estoy enamorado, sé que regresara conmigo ya cuando allá logrado su objetivo de haber hacerte entendido que tu corazon es mío mas de ese momento partimos a seguir los dos unidos sin nada ni nadie en el camino que ha insistido o querido separar nuestros destinos...

DICES YO DIGO

Dices que soy el hombre de tu vida,

Digo que eres la mujer que le da vida a mi vida,

Dices verme en tus sueños antes de conocerme,

Digo desde que te vi quería conocerte,

Dices extrañarme en los momentos que estoy a tu lado,

Digo extrañarte en los momentos que estoy próximo a verte,

Dices mirarme con ternura y amor,

Digo mirarte con amor y locura,

Dices querer mi boca besar,

Digo quiero tus labios saborear,

Dices dar la vida por mí,

Digo doy mi alma entera por ti,

Dices quererme con el corazon,

Digo mi corazon te quiere a ti,

Dices no dejas de pensar en mí,

Digo no puedo dejar de hacerlo,

Dices agradarte mi forma de ser,

Digo me agrada todo tu ser

Dices sentirme de ti cerca,

Digo de mí siempre estas cercas.......

DOS AMANTES

Tu y yo nos amamos y con nadie nos comparamos, pues nuestro amor es único convirtiéndose en cada encuentro un romance verídico, mas cada vez que estamos frente a frente no es igual, por eso cuando estamos juntos no nos queremos separar, dejamos la rutina en un laberinto sin salida alejada de nuestras vidas, es lo que nos hace especial y puedo asegurar que otros amantes al vernos lo mismo quisieran experimentar, llegándonos a envidiar al desear y no poder ser como nosotros igual, somos dos amantes y aprovechamos de la vida cada instante haciendo de nuestro espacio de amor un arte, provocando que todo el tiempo desee yo amarte, amarte y amarte ....

EL CORAZÓN SI DUELE

Tornándose intranquilo en mí, siento que de mi pecho te quieres ir dándole palpitazos de dolor me haces ver que la vida no tiene un solo color, no quiero que te vayas y contigo poder quedarme pero ya casi estas fuera de mi listo para abandonarme pues deseas buscar una persona que si pueda valorarme, lacerando mi pecho llegas a abrirlo y en dos partes logras dividirlo, observando como de el vas saliendo y a la misma vez todo en mi mente se va desvaneciendo te logro tener en mis manos para que recapacites y en ese momento claramente me dijiste que no era la primera vez que sentiste dolor por un mismo amor más que estabas cansado de sentir como a mí me han utilizado y atreves de mi de el habían abusado, al tu querer irte todos en mi interior quisieron seguirte abandonándome y saliendo uno a uno por esa laceración que para salir me hiciste, la única que se queda conmigo es mi vida que desde mi primer suspiro ha estado en mi metida y aquí se quedara para conmigo esperar en el momento que decidan regresar y tu mi corazón en mi pecho nuevamente desees estar habiendo encontrado una persona la cual a mí me pueda valorizar sin que a ti te quiera engañar evitando sentir dolor volviendo mi pecho a lacerar con los deseos de quererme abandonar...

ENVUELTO EN TU FANTASIA

Te quiero ver y comenzar a buscarte no sé por dónde, dándome cuenta que de mi tú te escondes, fantaseando conmigo me envuelves en un juego contigo, deseando sentirte niña por un momento y sentir que viajas en el tiempo, me haces visualizar que no es que conmigo no quieras estar simplemente es que deseas realizar algo diferente y una rutina no crear, fortaleciendo nuestros sentimientos para así unidos mantenernos, continuas escondida y no sé dónde estás metida, volviéndome loco buscándote pues quisiera sentir que estoy abrazándote, envuelto en tu fantasía no sé si de noche o de día ese juego terminaría, estaba desesperado más ni de cuenta me había dado que mi corazón tenías abrazado y estuve buscándote en lugares equivocado, al fin ya te había encontrado, la fantasía ha terminado y una sonrisa en tus labios haz dibujado más bajo caricias tu a mí me decías como había quedado envuelto en tu fantasía...

ERES MI FELICIDAD Y MI DOLOR

Eres mi felicidad: cuando demuestras cuánto me amas...

Eres mi dolor: cuando cambias de personalidad y demuestras des-amor...

Eres mi felicidad: cuando hacemos el amor...

Eres mi dolor: cuando juegas con el amor...

Eres mi felicidad: cuando te beso y me correspondes...

Eres mi dolor: cuando te quiero besar y volteas tu rostro...

Eres mi felicidad: porque te amo...

Eres mi dolor: porque me impulsas a odiarte...

Eres mi felicidad: porque eres bella...

Eres mi dolor: porque te crees la única...

Eres mi felicidad: cuando te llamo y me contestas con cariño...

Eres mi dolor: cuando vez mi llamada y la ignoras...

Eres mi felicidad: cuando correspondes a mis caricias...

Eres mi dolor: cuando dices que solo buscabas refugio...

Eres mi felicidad: al observar tu linda cara...

Eres mi dolor: cuando descubro la frialdad tras ella...

Eres mi felicidad: cuando te miro a tus claros ojos...

Eres mi dolor: cuando descubro que es lo único claro en ti...

Eres mi felicidad: cuando juego con tú radiante y hermoso pelo negro...

Eres mi dolor: porque así mismo tienes el alma negra como tu pelo...

Eres mi felicidad: cuando acaricio tu cuerpo...

Eres mi dolor: porque sé que no eh sido el único...

Eres mi felicidad: cuando tus palabras son claras...

Eres mi dolor: cuando te tornas como mimo e intento descifrar tus pantomimas...

Eres mi felicidad: cuando me dices que te duele alejarte de mí...

Eres mi dolor: cuando lo haces y gozas de la vida felizmente burlándote de mi gran sufrimiento...

Eres mi felicidad: cuando dices juntos por siempre...

Eres mi dolor: cuando me hechas a un lado por tu interés económico...

Eres mi felicidad: porque me enseñaste a amarte...

Eres mi dolor: porque no aprendí ni aprenderé a olvidarte...

Eres mi felicidad: porque vendrás arrepentida cuando te des cuenta de que fui sincero al entregarte mi amor...

Eres mi dolor: porque ya no podre corresponderte en el momento de tu regreso o arrepentimiento porque ya sería demasiado tarde... ¡ DIOS TE GUARDE..!

ESPEJISMO EN MI ALMA

Siempre en mi alma te visualizaba llegando a pensar y creer que en mi corazón estabas, sintiendo con todo mi ser que te amaba, alucinando que donde quiera que miraba mi vista te encontraba y al acercarme me daba cuenta que me equivocaba pues no eras la persona que ver ahí yo esperaba, perdiendo la noción del tiempo y mi razón de ser pues no sabía lo próximo que en mi iría a proceder o donde exactamente te podría yo ver, hablando conmigo mismo descubro que en mi alma solo de ti ha de haber un espejismo porque siempre estuviste en el ausentismo más a ella le pedí la aclaración para mí de si realmente estuviste o no dentro de mí y así entender y volver en sí de que nunca te tuve nunca te perdí ...

ESPERANDOTE EN MIS SUEÑOS

Te fuiste de mi vida inesperadamente invadiéndome la tristeza en mi presente a causa de un accidente, solo recordando que de la mano me tenías agarrado y de repente de ella te habías soltado y una brillante luz me dejaba asombrado pues en ella te habías quedado dándome cuenta en segundos que al mundo real yo había despertado y al buscarte ya no te tenia a mi lado, quedándome solamente con tu imagen en mis sueños y en mi mente pues ya no volverás a mi presente, creando una nueva unión contigo cada vez que a dormir yo me aproximo, esperando con ansias el anochecer donde único te puedo ver y un viaje contigo a donde quiera emprender quedando sin entender como todo esto nos pudo suceder y cuando más real ese sueño parece me doy cuenta que ya casi amanece porque tu cuerpo veo como se desvanece, controlando mis sueños tornándolos permanentes para así la noche siguiente comenzar en ellos desde donde la noche anterior comenzaste a desvanecerte dejando yo de verte, me siento en un mundo ajeno estando despierto alucinando como si estuviese en el desierto pues me acostumbre a estar siempre contigo y ahora solamente estas en mis sueño conmigo a la espera del instante de no tener que solo en un sueño visualizarte y en todo momento que yo desee poder acariciarte...

EXPRESION PARA MI PADRE CELESTIAL

Siento tu presencia aquí a mi lado en cada letra y párrafo que escribo aquí sentado, la piel se me herriza pues siento tu risa sumada a una alegría porque sabes que yo escribiría una expresión o poesía en nombre de quien día a día hace de que yo pueda escribir todo lo que siento decir y en esta ocasion tengo una gran emoción porque esta expresión es la más esencial y especial debido a que es para nuestro padre celestial...! Gracias por el don que me has dado para las escrituras, expresiones y poemas bendíceme siempre, a mis amistades y familia que siempre han dicho presente brindándome una confianza segura para yo continuar con mis escrituras...

EXTRAÑANDOTE

¿Tu corazón me recuerda?

¿Tu boca todavía desea la mía besar?

¿Tu cuerpo todavía exige unirse con el mío?

¿Tu pelo quisiera rosar mi piel?

¿Tus manos anhelan recorrer todo mi cuerpo?

¿Tus ojos se cerrarían nuevamente al brindarme un beso sin fin?

¿Tus emociones aún se desbordan al saber que estaré cerca de ti?

¿Todavía eres insaciable a todo lo que podamos hacer en una noche romántica?

¿Invado tus sueños al igual que tu invades los míos?

¿Me vez al cerrar tus ojos y al abrirlos tu razón se llena de deseos por verme al saber que no estoy frente a ti?

¿Deseas en estos instantes realizar conmigo lo mismo que yo contigo?

¿No pertenezco a tu pasado nada más ?....

¿Aún me esperarías bajo las sabanas en las madrugadas?

¿Todos estos recuerdos no te llenan de curiosidad de volverlos a realizar?

Sentado a solas a la orilla de la playa le pido a nuestro padre celestial que de mi corazón nunca te vayas e intento que escuches mis preguntas telepáticamente para que regreses aquí a mi lado donde te espero y pensar más en ti es lo que ha provocado...

EXTRAÑO QUE NO ME EXTRAÑES

A cada hora, minuto y segundo, me dejabas saber lo mucho que te hacía falta y me querías, eso provocaba en mí una inmensa alegría, pues en mi mente siempre estas presente aun estando tú lejos y ausente, aunque últimamente algo en ti está un poco diferente, haz cambiado y me haces sentir muy agobiado, y no es que a mi vida la dañes, pero extraño que no me extrañes, tal vez me acostumbraste a tus continuas atenciones y dejarlas de hacer un poco han sido tus decisiones, dejándome también con preguntas y preocupaciones más para evitar confusiones ahora mismo del por qué digo eso, te daré mis razones, no es que de ti piense mal o de tu fidelidad llegue a dudar, pero sin saber de ti no puedo estar y en todo momento aun estando tú frente a mí te siento extrañar, enseñándote que si eso ha podido pasar es porque mi corazón siempre te sentirá amar...

FINAL DE UN MALTRATO

Sintiendo de repente una paz intensa que corre por mis venas la cual provoca que de mi me sienta un poco ajena pues hacía mucho tiempo en mi alma no la podía sentir adaptándome sin obtener la valentía de lo que yo quería decidir, quedando por temor bajo control de la persona que amarme afirmaba todo sueño en mi vida cambiaba, sin dejarme a mí misma ayudar por ese temor que en mi interior había logrado sembrar, con hematomas y laceraciones todo el tiempo había transformado mi cuerpo, quedando irreconocible pues al golpearme se sentía una persona invencible y lo que yo pensé tener algún día un hogar de felicidad y protección todo había cambiado a uno de dolor y desilusión, siendo la última vez que ese horrible maltrato a mi vida llegaba, era imposible creer que a quien tanto amor yo le brindaba y añoraba la vida el me quitaba por eso visualizaba como amistades y familia por mi lloraban, solo senti mi cuerpo colabzar provocando mis ojos cerrar lo cual llego a provocar de al abrirlos nuevamente en otro lugar poderme visualizar en los brazos de mi padre celestial, entendiendo en ese único momento el porqué de esa paz intensa en mi alma y corazón llenando de vida a la razón, despidiéndome con un corazón dibujado en las nubes para a los que oportunidad de hacerlo no tuve...

HACER EL AMOR NO ES LO MISMO QUE TENER SEXO

Varias personas o parejas se equivocan, piensan que con llevar a una mujer o un hombre a la cama es hacer el amor, no es solo tener sexo es algo más.., no es lo mismo porque tienes sexo con cualquiera pero no con todo el mundo haces el amor, cuando tienes sexo te sientes bien porque has logrado llevar a la cama la persona por la cual sentiste una atracción sea por su lindo cuerpo, su bella cara o tal vez por su forma de ser, sientes fuego, atracción y muchos deseos de seguir teniendo sexo más para impresionar llegas a fingir caricias y sentimientos que no existen logrando solo tu satisfacción.., cuando haces el amor sientes fuego, pasión y por supuesto amor más unos deseos incontrolables de unirse los dos en un solo cuerpo, la ternura y delicadeza prevalecen a principio hasta que llega el descontrol de querer más y más haciendo que nuestras gotas de sudor se unan provocando así un intenso calor que te éxita logrando que las manos acaricien todos los rincones de tu cuerpo y el comienzo de un maravilloso beso sin fin que casi pierdes el aliento, sintiendo en mi pecho lo exaltados y agitados que están nuestros corazones y aun así no quisieras terminar de hacer el amor, continúan las caricias con mi boca que recorre todo cuerpo y en combinación con las manos te hacen mía, llegando así al punto clave donde delicadamente hago que te sientas más excitada y es en ese preciso instante que me pides y deseas que continúe haciéndote el amor, recorro tu cuello con mi boca quiero llegar a tus orejas y me lo impides pero en un descuido de pasión y fuego llego a donde quería, me deseas tanto en ese momento que mencionas mi nombre y me pides que te amé más y más, todo tu cuerpo vibra y la circulación de la sangre está totalmente descontrolada y cuando llegas al éxtasis sientes estar más arriba que las nubes y las estrellas, tomamos un descanso de varios minutos porque el amor, la pasión y el fuego que sentimos los dos provocan que continuemos haciendo el amor, cerramos los ojos y nuevamente se unen nuestros labios comenzando así otro maravilloso camino hacia el éxtasis nuevamente, el semblante de tu rostro cambia tornándose de una manera gustosa, complacida y excitada proyectándose en tus achinados ojos por ese excitante momento de tus deseos hacia mí y de continuar quemándonos en ese fuego y pasión provocada por los deseos de amarnos, casi no sentimos el cansancio por las energías derrochadas en ese único momento que a la misma vez son recargadas por los deseos de tenerte y el amor puro y sincero que sentimos el uno hacia el otro, los sentidos están casi fuera de orden y expresamos palabras que casi no son usadas cuando tenemos los sentidos en completo orden.., pero verdaderas, estamos fuera de control y nos comunicamos con un dialecto sorpresivo y una voz sumamente delicada que asegún el ritmo y el fuego provoca que suba de golpe expresando lo excitada que te sientes deseando que experimentemos todo lo habido y por haber en el amor, me pides que te muerda, te apriete y hasta que te hale el pelo, me dejo llevar por lo que me dices y lo hago con mucha cautela porque sé que te excitara mas llegando a pensar que no terminaríamos de hacer el amor, llegamos al éxtasis nuevamente los dos bañados en sudor y exhaustos por tanta energía derrochada en ese instante tan especial haciendo el amor, decidimos darnos un rico baño pero para sorpresa de los dos decidimos continuar lo que habíamos detenido por cansancio, el agua fría en los dos cuerpos sudados y calientes nos dio más fuerzas para proseguir fue como si el cansancio se convirtiera en más deseos, fuego y pasión, un poco incomodos en la bañera pero no le prestamos importancia a eso, regresan las caricias y el agua en tu rostro provoca que te observes más complacida, salimos de la bañera y me pides hacer algo atrevido te sujetas al lavamanos me sonrió y me dispongo a complacerte, salimos del baño cruzando el pasillo pero como vas delante de mí al ver tu bello cuerpo desnudo me exista mas, me aferro a tu espalda te tomo de las manos y las coloco en la pared empezando a besarte el cuello y la espalda, continuo descendiendo y noto en ti que estas temblando pero no de miedo si no por las caricias de ese único momento, aprietas las manos en la pared y escucho tu dulce voz complaciente que me pide que continúe y no me detenga jamás, comienzo a ascender pero no me dejas terminar y te volteas de frente a mí, mirándome fijamente a los ojos cerrándolos pidiéndome que te bese y te apriete, te aferro hacia a mi sosteniéndote en mis brazos y tú me rodeas la cintura con tus hermosas piernas llegando así hasta la sala, bajo caricias y besos te coloco en el sofá satisfaciendo tus deseos y los míos de amarnos, repentinamente caemos en la alfombra asombrándome de todo lo que puedes hacer sujetada a varios artículos de la sala, de tanta energía derrochada haciendo el amor nos quedamos dormidos en la silla reclinable y al despertar horas más tarde mirándonos a la cara nos sonreímos por lo sucedido la noche anterior, me voy a tomar un baño y te me vas detrás y en ese preciso momento es cuando empieza otra vez una pasión de nunca acabar porque hacer el amor no es lo mismo que tener sexo..!

JUEGO DE UN BESO

La primera vez que deseabas de mi un beso jugué con tu deseo pues no te lo brinde y estando cerca de tu boca de ella me aleje, no por no desear besarla, quise jugar y probar cuanto en realidad deseabas ese beso que me querías dar, comentándome sarcásticamente que nunca intentarías con tus labios los míos besar, en ese momento risa me pudo dar pero con el paso de las horas si lo llegue a comprobar cuando un beso te iba yo a brindar tu rostro decidiste cambiar y la mejilla fue lo que mis labios solo pudieron besar, diciéndote yo que tus labios quería saborear diciéndome tu que me tenías que castigar, pasaba el tiempo y no me besabas sabiendo tu que yo lo buscaba y tú lo deseabas, pero por mi juego de un beso marcha a tras no dabas más en un momento yo pensaba que tiempo atrás ese beso grandemente si lo deseabas, una noche nuevamente en mis brazos tu estuviste y una sorpresa tú me distes porque entre caricias y abrazos un beso tú me distes comprobando que en este mundo con tus tibios y suaves labios nadie existe, aun sintiendo en la distancia tus besos en mi boca percibiendo de tu cuerpo la fragancia y mis manos que lo acarician y lo tocan...

JUEGO O VERDAD

Si dices o afirmas que soy la luz de tus ojos porque en ocasiones siento que me quieres apagar...

Si soy el amor de tu vida porque me alejas de la misma dejándome herido de amor...

Si soy el que llena todo tu ser de cariño porque lo derramas dejándolo que se pierda como agua entre los dedos...

Si soy tu razón de ser porque me llevas hasta la locura dejándome con preguntas sin respuestas confundiendo todos mis sentimientos...

Si dices haber encontrado en mí tu alma gemela porque me das un dolor llegándolo a sentir y sufrirlo paralelamente...

Si dices no poder estar sin o lejos de mí porque cuando estoy cerca me quieres alejar...

Si sabes que mi amor por ti es real porque quieres convertirlo en una fantasía sabiendo que esas no vuelven..., TODAVIA ESTOY AQUI! ....

Si afirmas sentir celos cuando se me acercan porque te enojas cuando yo los siento por razones semejantes a las tuyas...

Si doy el máximo de mí para complacerte a ti porque buscas más o te aferras a otro cariño para completar e obtener tus caprichos...

Si dices haberme visto en tus sueños y desear que todo fuese como en el por qué cuando te los hago una realidad te siento todavía dormida colocando pensamientos en mi de que en esos sueños yo no soy el protagonista...

Si me escribes cositas de amor en una carta y en la misma dices extrañarme porque cuando estamos frente a frente no se ve ese amor claramente habiéndote extrañando yo en el pasado cuando no estabas, en mi presente donde no solo quedaras en mi mente y para mi futuro porque siento que no vas a estar...

En fin porque no le pones un fin a todo cuando te lo pido sabiendo tu que todo lo que dices se queda ahí mismo en solo lo que dices, porque las palabras se las lleva el viento y el papel aguanta todo lo que le escriban sin entender o saber si esas letras son falsas o reales....

LAGRIMAS QUE DUELEN

Eh sufrido tanto desde que te fuiste, siendo más doloroso del modo en que lo hiciste pues te fijaste en mi evadiendo todos mis rechazos hacia ti expresando sentir una atracción por mí, logrando con el tiempo tu objetivo teniéndome a tu lado contigo, dejando mi alma confundida abandonándome en poco tiempo, colocándome en un laberinto sin salida afirmando yo no ser la persona que con amor tus ojos debieron ver pues quien en realidad tu atracción era otro color de piel, cuestionándote yo como desde el primer día que me vistes de mi color de piel de cuenta no te distes, llorando a cada instante que recuerdo y todos los días de mi existir llegando a sentir dolor no solamente en mi alma si no en cada lagrima que derramo por ti, aprendiendo de la vida y el dolor que has podido causarme, para no volver a escuchar alguien que me diga haberse podido de mi color de piel equivocar y mi alma de tristeza y pena llorar...

MI ALMA SE PIERDE POR UN ADIOS

Nuestras vidas quedaron separadas de repente deseando que esta distancia no fuese permanente, solo senti mis ojos cerrarse y al abrirlos no estabas a mi alcance, te podía visualizar y me esforzaba más para poderte alcanzar, intentando llamar la atención para que miraras hacia donde estaba ubicada mi posición y por un descuido al mirar hacia otro lado perdí tu persona de donde mi vista te había ubicado, comenzando a buscarte pues en mi alma sentía que de ti ya he formado parte más por el aire ella se desplazaba sin yo saber cómo lo lograba ni entender lo que en mi pasaba, llego a estar frente a ti dándome cuenta que no me puedes ver tu a mí, te intento tocar y no lo puedo lograr, te hablo con dulzura y es como si mi voz no llegara hacia ti por más que se torne alta y dura, me doy cuenta que caminas con tristeza continuo tras de ti porque lo que te sucede a mí me interesa, entrando a un lugar que al darme cuenta vestida de negro llegas a un altar y tu voz desde ese momento es cuando la escucho por mi rezar entendiendo por que no me podías ver ni escuchar, comenzándome a desesperar deseando que todo lo sucedido solo lo allá podido soñar más lo que llegue a desear si se llegó a realizar porque todo era lo que en una noche en un sueño había surgido y al despertar al mundo real en mi cama a mi lado te eh podido visualizar y tu hermoso rostro comienzo a acariciar más con un suspiro me doy cuenta que ese sueño me pudo enseñar a todo el tiempo mi amor hacia ti tener que brindar pues mi alma senti sufrir y vagar al cerrar mis ojos por un instante y un adiós no haberte llegado brindar...

MI AMIGA DIFERENTE

Vives humildemente aunque seas diferente para la gente, por la preferencia sexual la mayoría de a un lado te han decidido dejar cuando por ti misma te lo haz atrevido a expresar por la atracción que tienes y tú mismo sexo sentir amar, no soy nadie para juzgarte y por eso yo no voy a rechazarte más de mi vida ya haz formado parte aunque otros olviden que tu también amor sientes, eres mi amiga diferente y lo diferente es lo que te hace existente en mi mente porque en mis momentos buenos o malos siempre has dicho presente, espero nunca te alejes te quiero tal y como eres más un gran y especial valor para mi vida tienes sabiendo que en tu corazón mi imagen como amigo grabada la tienes...

MI HERMANA Y YO

Desde muy pequeño fueron pocas las veces que con mi hermana había compartido debido a que siempre teníamos encontronazos y pocas fueron las ocasiones en que estábamos de acuerdo, pero eso no daba indicios de que no me importaría lo que sucediera con ella, si tenía algún tipo de problema ahí estaba yo seguramente sin negatividad y echando a un lado alguna diferencia obtenida anteriormente, aunque yo sabía que después volveríamos a la misma rutina de peleas y encontronazos así es la sangre, mi sangre... mi hermana, mi amiga y defensora porque así era y es, igual que cuando yo tengo algún tropiezo sé que ella estará ahí, no sé por cuanto tiempo.., me gustaría que fuese por siempre pero lamentablemente la vida y el destino nos dieron un golpe bien fuerte, tan y tan fuerte que lo siento en el corazon y me cuestiono con lágrimas en mis ojos el por qué ese golpe fuerte al corazon y a la esperanza a que continúe respirando por muchos años más, debido a que mi protectora, mi amiga y hermana le transmitieron el virus del sida, cada vez que me acuerdo mi dolor es más fuerte, pero más me afecta y me duele porque se lo transmitió una persona sin corazon ni sentimiento la cual decía amarla y protegerla siempre, su pareja sentimental o conyugal que por una razón e otra fue infectada por el virus y no le importo a quien le estaba haciendo daño aunque no tuviese culpa de lo que le hicieron a él, me duele..., me duele mucho aunque tengo el consuelo de que la vida no se queda con nada de nadie y que lo que aquí se hace aquí se paga, sé que ella ha tenido que enfrentar sus altas y bajas pero creo que no es el mejor castigo no se lo deseo a nadie, pero por algo dios hace las cosas porque en este mundo no se mueve una hoja sin la voluntad de él y no hay mal que por bien no venga, pero ese es un mal que por donde quiera que se observe y analice sigue siendo mal y ese mal se llama sida...

--- DIRECTO AL CORAZON ---

Quiero que sepas y entiendas que eres mi hermana aquí y donde quiera que estés, intentare de darte fuerzas y apoyo hasta que dios disponga sé que todos iremos por ese camino de morir pero nunca imagine que el tuyo fuese de ese modo, me duele mucho y siempre estaré ahí para ti de corazon....!

Att. Tu hermano... JLMF

MI PORQUE

Por qué la vida me permitió conocerte y se rindió ante el destino quien nos mantiene alejados sin la posibilidad de estar tú y yo por siempre unidos...

Por qué me dejaste comprobar que con el corazón te llegaría a amar y en tu ausencia te iba a extrañar...

Por qué mis sentimientos quedan desorientados de solo saber que ya no estas a mi lado quedando curioso y ajeno de que con nuestra vida hubiese pasado...

Por qué rechazaste mi petición de unión de tan solo pensar que éramos en la vida igual, sin permitirte comprobar que el amor para bien nos podría cambiar y juntos por siempre una vida continuar...

Por qué te recuerdo en cada respiro impacientándome de querer tenerte conmigo...

Por qué si al destino pude en dos ocasiones vencer y a mi lado te logre tener callaste tus deseos de que me quedara contigo y un viaje al futuro emprender...

Por qué fallo en mis intentos de una vida nueva llevar y tus recuerdos en el tiempo a ti me hacen regresar provocando que mi corazón se llegue a reusar que ya en mi vida no vas a estar...

MIENTES

Mientes cuando juras amarme con locura y es lo único que me dices con ternura...

Mientes porque tus ojos descifran la realidad de tu vida...

Mientes cuando te vas de mi vida dejando mi alma herida y regresas cuando en mi mente ya casi no existías diciendo que me querías...

Mientes cuando me hablas haciéndome sentir que no valgo nada y minutos después como si no me hubiese ofendido en nada...

Mientes cuando afirmas yo ser importante para ti y no te acuerdas ni del día en que yo nací...

Mientes cuando prometes sabiendo en ti que no eres persona de cumplir...

Mientes porque al hacer el amor siento tu indiferencia y dices que solo está en mi conciencia...

Mientes cuando me presento a ti en los momentos que estas siendo infiel justificándote y haciéndome querer ver que no volverá a suceder...

Mientes cuando me dijiste que no me mentirías y en un mañana nuestra relación no existiría porque no se esconde lo que no sientes y por esas razones estamos separados dándome cuenta que nada sientes aceptando la realidad de que MIENTES...

MIRADA DE ABISMO

Oscura y sin salida temiéndole a la vida de humildad indefinida y su alma adolorida, ya no quiere definirla pensando que nuevamente van a herirla, se ha propuesto a toda las miradas evadirlas, sufrimientos del pasado en su presente han provocado que todo el que se le ha acercado su mirada allá clausurado y su corazon no haberlo involucrado, con mirada cautelosa de definiciones misteriosas para evitar sentirse ansiosa por personas maliciosas, sin límite ni final o dejar que alguien la pueda ayudar se reúsa a comprobar que todo el mundo no es igual, proyectándole a la vida su ausentismo con el intento de que entienda que uno mismo no provoca su propia mirada de abismo...

MUNDO SIMILAR

Sentado a solas con pensamientos de ti obtengo un espejismo de mi mundo similar frente a mí, sin la más mínima diferencia y conmigo ahí esperando tu presencia, observando detenidamente veo como pétalos de rosas al suelo se desprenden y es porque se han percatado que vienes hacia mí para estar a mi lado y caminar por encima de ellos te han dejado, sigo impactado por todo lo que de ese mundo me eh percatado, quedando demostrado que en ese mundo similar nada de mi amor hacia ti pudo cambiar y siempre te voy a esperar en cualquier lugar que puedas estar deseando tu presencia para mi amor y cariño poderte brindar ...

NECESITO HABLAR DE TI

Eres la mujer especial que mi corazón ha podido cautivar sintiendo en mí que no lo vas a desilusionar y cada día que pasa me lo deseas demostrar, cuando tu boca llego a mirar la mía la quiere besar sin ser lo único que puedes en mi provocar pues mis manos te desean acariciar, contigo estoy agradecido porque siento que estoy vivo y nuevamente he vuelto a la vida pues mi alma por la tuya ha sido correspondida, tu corazón con el mío se tornan comunicativos utilizando un dialecto preciso a base de los latidos que nos hacen entenderlos, reflejándolos en las miradas y el pulso que por la boca no tendríamos que decir nada, eres esencial en mi vida y en mi conciencia siempre estas metida haciendo que todo el tiempo mis pensamientos se inclinen hacia ti y me provoques decir que necesito hablar de ti...

NO TENGO PORQUÉ

No tengo que verte en mi sueños para luego desear y luchar por hacerlos realidad porque siempre fuiste la dueña de ellos...

No tengo que buscar sentir tu aliento o el sabor de tu boca porqu desde el primer beso se quedaron en la mía permanentemente...

No tengo que buscar sentir las palpitaciones de mi corazón porqué con sólo abrazarte las siento en mí provenientes de tu pecho hacia el mío por el hecho de tener mi corazón junto al tuyo...

No tengo que buscar o recopilar en distintas personas lo que deseo para mi vida sentimentalmente pues tú lo tienes y lo eres todo para mi vida y sentimientos...

No tengo que intentar buscarte con mi mirada donde no estás porque para donde quiera que miro ahí sé que realmente tú estás...

No tengo que entrar en duda de tus sentimientos o palabras expresadas por ti hacia mí, aun en la distancia, pues la confianza y verdad de mí hacia ti es definitivamente clara y de gran credibilidad, más de ser todo lo contrario, no me engañarías a mí sino a ti misma...

No tengo que renacer para desear tenerte a mi lado nuevamente porqué te he sentido en mí desde antes de conocerte, provocando en mí viajes mentales a la época de nuestros antepasados e intentos para descifrar el mito de haber existido en vidas pasadas, en fin..., no tengo que decir que esto que he escrito es para ti porque en cada línea que leas lo sentirás en todo tu existir...

PENSAMIENTOS VISUALES

Si pudieran alcanzar las estrellas no permitiría que cogieran ninguna porque con ellas dibujaría en el cielo tu preciosa figura sentado a la orilla de la playa para hacerla sin ninguna falla, la luna se pone celosa porque sabe que eres hermosa y no quisiera compartir las preciosas palabras que le solía yo decir, el sol y la luna parecen unirse en el momento de ella irse y escucho cuando ella le dice como el podrá sentirse al momento de ver que tu existes pues sus rayos que me brindaban calor no son únicos en mi corazon y su cara radiante y de cálida luz brillante la cual calentaba mi pasión en un instante tiene otra razón que le brinda sin condición el mismo calor que día a día le prometías, acariciando las nubes con mi mirada mordiandolas con figuras de ti inesperadas y por eso la luna le detallaba como todas las noches con las estrellas tu figura dibujaba, el sol cambiaba su semblante tornándose interrogante descendiendo hacia mí en un instante y así poder comentarme si podía elaborar la misma rutina con los témpanos de hielo de cada esquina o del desierto la arena fina, ya yo lo había elaborado y el sol ni de cuenta se había dado que con los témpanos de hielo había formado la figura de mi ser amado más en la fina arena del desierto ya que ella está en mí en todo momento eh edificado un monumento y agradecido con nuestro padre celestial porqué con la lluvia que cae del cielo pudo bautizar todo lo que pensando en ti llegue a realizar...

PESADILLA ROMANTICA

No estas aquí y añoro tenerte cerca de mí, apareciendo en el momento indicado y es cuando a dormir yo me eh acostado, invades mis sueños sabiendo que de ellos ya no soy dueño, visualizando que te estas acercando ya me estoy preparando pues sé que te estaré acariciando, pero todo comienza a cambiar en mis sueños no te puedo tocar intento acariciarte y por más cerca que te siento te veo distante, me brindas tu mano y mi intento de tomarla es en vano, veo tus labios acercándose a mi boca pero tu mejilla es la que la toca, mi sueño cambia de lugar sin yo poderlo controlar llegándote frente a mí a visualizar, con una copa de vino para brindar por nuestro destino y que nos mantenga a los dos unido viendo en tus labios que me has podido hablar sin yo haberte logrado escuchar, siento tu mano que mi espalda toca la cual erizarla es lo que provoca volteándome para tu bella cara mirar sin poderlo yo lograr pues mi sueño ha decidido volver a cambiar colocándome en otro lugar, en el que nuevamente vuelves a estar tornándose muy difícil de poderte encontrar ya que te ha colocado en un sembrado de rosas y como ellas eres hermosa, cae la noche sin avisar y lo único que puedo visualizar del cielo las estrellas dándome cuenta que estas al lado de ellas porque tu mirada destella una brillante mirada igual a ellas, un deseo quise expresar a una de ellas que dispuesta estaba el cielo cruzar dejando una línea brillante despertando yo en ese instante...

POEMAS EXPRESIONES Y ESCRITURAS

Las emociones más intensas las tiene la persona a la cual dices amar porque es la única que te hace sentirlas de tal magnitud que se visualizan en cada uno de tus cinco sentidos...

Con tus ojos expresas lo que con la boca no te atreves a decir...

Tus ojos guían a tu cuerpo evitando tropezar, quien guía a tu corazón para evitar que en el amor se pueda equivocar...

Los impulsos descifran el carácter real de una persona...

Aprende a diferencial un te extraño de una costumbre las dos no provienen del corazon...

El ser humano no aprende por consejos escuchados, el ser humano aprende por experiencias o recaídas de sí mismo...

No dejes de ser tú para complacer a otro porque en el momento que ese otro no exista no te reconocerás ni ti mismo...

No sabrás cuan exactamente es la fuerza del amor se fortalece y aumenta en el instante que la necesites...

En una primeriza cita romántica no encuentras el amor si no la posibilidad de saber y entender los sentimientos de la persona que despertó un gran interés en ti...

Los recuerdos son la base de tus pensamientos siempre recurrirás a ellos para tomar decisiones en tu vida...

No todos tenemos la dicha de saber que alguien nos espera aun desde nuestro primer suspiro de vida...

La timidez no te enfrenta prefiere evadirte para evitar mostrarte su cara agresiva...

Una mentira te hace esclavo de ella al tener que seguir su rutina para evitar ser descubierta...

Comprar el amor es la semejanza de vender tu cuerpo...

La humildad es engañada por la hipocresía logrando colocarse tras ella y cuando es descubierta por la verdad adopta la agresividad justificándose con un mal entendido...

Mi verdad es confirmada por él TE AMO que siento hacia ti...

No puedes descifrar lo que hay en la conciencia de una persona hasta que te lo confiese, pero si puedes ver atreves de sus ojos el peso y cargo reflejado por la misma...

El respeto hacia ti no se impone se gana, el respeto de ti hacia otra persona te lo impones de esa manera ganaras el tuyo propio...

El miedo deja de existir en ti cuando tu defensa decide enfrentarlo...

El amor te enseña lo que la vida no tuvo oportunidad de enseñarte cuando él llega a tu vida a temprana edad...

Tu diestra y rápida habilidad de aprendizaje no te hace superior a nadie todos somos iguales nunca llegaras a la perfección...

En la vida siempre queda una esperanza mientras sientas tu corazón latir y en tus pulmones quede aunque sea un suspiro de aire...

La honestidad te hace ser mejor persona y al mismo tiempo te crea peores enemigos...

El cuerpo humano llega en cierto modo a ser independiente hasta en el momento que adopta algún tipo de adicción la cual convierte en una prioritaria rutina diaria...

El sabio no sabe más por su inteligencia si no por saber utilizar las palabras correspondientes colocándolas en su lugar adecuado causando un gran impacto y asombro instantáneamente en ti cada vez que las lees...

Una opinión de algún suceso indiscutido te la da un verdadero amigo, una crítica un único conocido y un enemigo su peor comentario...

Los sueños no son seguramente la realidad de lo que sucedió, va a suceder y sucederá en tu vida real o la de una segunda persona..., pero tampoco son para desecharlos y dejarlos ahí mismo en solo un sueño sin importancia...

No busques lo que no se te ha perdido, podrías encontrar lo que en realidad no querías...

No envíes a una segunda o tercera persona a decir o hacer lo que se supone que hagas o digas tú mismo porque nunca lo harán igual que tú ni el mensaje llegaría perfectamente como tú lo querías...

Nunca enseñes todo lo que sabes por que al llegar el instante de defenderte no tendrías defensa alguna...

Deja que el tiempo te impresione afirmándote con certeza en quien confiar, no el dialogo o la figura primeriza de quien se acerque a tu vida...

Para evadir tu doble cara evito un dialogo contigo...

La mayor imperfección la tiene quien afirma que por su belleza exterior poder obtener cualquier cosa en el mundo quedando así mismo como cualquier cosa en el mundo...

Intercambia las letras o palabras de una oración y veras la diferencia de lo que puedan decir o interpretar al igual que si intercambias la rutina o pensamientos en tu vida veras el impresionante resultado de lo que puedas hacer o lograr en la misma...

RE -ENCUENTRO EN MI PARTIDA

Mi corazón está muy triste desde el día en que te fuiste, pues de mi lado tú partiste y no fue porque quisiste, hiciste feliz mi vida y ahora siento mi alma herida al saber de tu partida, lloré y supliqué para que no me dejaras llegando el momento en que no me escuchabas y no porque no te importaba es que a mi lado ya no estabas y mi corazón contigo te llevabas, el tuyo dejó de latir porque en mi mano lo dejé de sentir sin aceptar el momento que te tuviste que ir, lo único que me consuela es que desde donde estás me velas y en ocasiones siento que un ángel a mi lado vuela, al padre celestial le he preguntado por qué de mi vida te ha apartado y él me ha contestado que tu tiempo había llegado de partir hacia su lado, mas llegado el momento dado estaría yo también de su mano agarrado...

REALIDAD EN MÍ

Sigo de pie porque tu amor me sostiene...

Sigo despierto porque al cerrar mis ojos solo a ti te puedo ver provocando desear verte con los mismos abiertos...

Sigo tus pisadas porque paralelamente siempre haz seguido las mías...

Sigo en tu corazón porque pude ganar de el tu amor, confianza y compresión...

Sigo observándote cada instante que estas frente a mi pues es de todo mi agrado apreciar tu belleza...

Sigo extrañando tus caricias porque son las únicas que me transportan a otro mundo haciéndome insaciable de las mismas...

Sigo con los deseos de verte cada mañana junto a mí rechazando la abstinencia de hacerte el amor en cada anochecer...

Sigo pidiéndole a nuestro padre celestial que nos de la sabiduría y conocimiento para enfrentar los acontecimientos negativos que en ocasiones nos llegan a nuestro presente...

Sigo sintiendo esa gran emoción del haberte conocido junto al amor que sembraste en mi corazón el cual día a día continua en crecimiento con la certeza e igualdad de tus sentimientos hacia los míos...

SALVAME

Salva mi vida y dale un suspiro dándote cuenta que por ti es que yo respiro...,

Salva mi corazón sintiendo que late rápidamente por ti con tan solo saber que regresas a mí...,

Salva mi memoria porqué de ti llegue a enamorarme y siempre en ella haz logrando quedarte rechazando la posibilidad de, dejar de recordarte...,

Salva mi razón demostrándole que no solo en sueños logre en mis brazos tenerte...,

Salva mi vida con la presencia de la tuya en la mía entendiendo que desde ese momento de mi lado no te irías...,

Salva mi subconsciente haciéndole saber que has vuelto para quedarte y nunca más de mi alejarte...,

Salva mis ojos colocando tu figura frente a mi evitando creer verte donde no estas presente...,

Salva el amor quedándote conmigo dejando el interés atrás demostrando que no solo fue una fantasía de una noche...,

Salva mi voz y en los momentos de pasión provoques decirte que te amo con todo mi corazón...,

Salva nuestros mundo es como siempre quise aceptando que nuestro padre celestial nuestra relación bautice...

SENTIMIENTOS FANTASMAS

Pensé amar a la persona por la cual en ese instante mi corazón se desbordo de amor, con el tiempo dándome cuenta que todo fue un error, intentando dar de mi todo lo mejor comenzaba a vivir una vida de desamor con etapas llenas de horror, sintiendo en ocasiones que solo sexo teníamos y ya no hacíamos el amor, la costumbre dice presente creyendo que se queda en mi vida permanente, deseándolo evitar pero casi no tengo fuerzas para luchar, más cuando creo que ya todo lo puedo solucionar algo en mi suele pasar llegándome a descontrolar y volver a la misma rutina de vida a estar, conteniendo los deseos de llorar y al mundo gritar que no toda la apariencia que ven es real, refugiándome en canciones románticas para sentir mi alma viva y única o en un libro de poemas y expresiones el cual podría ayudarme a evitar más equivocaciones, y así seguramente entender que lo sucedido en la vida tiene sus razones escogiendo para mi positivas decisiones, quisiera sentir que mi corazón verdaderamente a alguien ama sin adoptar un querer emigrante el cual se quede en mi vida y de ella sea lo más importante, y nuevamente no sentir ni ver como mis sentimientos poco a poco desaparecen o como fantasma en un amanecer se desvanecen.

¡SI ME ESCUCHARAS #2!

El amor: lo más grande

La confianza: ten cuidado

La humildad: no siempre

El interés: la mayoría

El progreso: para ti y para mí

Un futuro: que esperamos

Un presente: duro para vivir

Un pasado: daña tu presente y futuro por un descuido

Un mundo: que jira sin tomar una pausa

La sinceridad: la cual buscas... pero no todos la tienen

Tu persona: espejo de tu vida

Tus principios: obtenido de tus seres queridos

El respeto: que se gana sin adoptar la violencia

La humillación: que te hace temer

El temor: que minimiza tu persona

Un te amo: que prevalece en nosotros

La autoestima: que disminuye por un dolor

Un dolor: que te empequeñece sin acceso a tu defensa

Tu fuerza: la cual te hace salir hacia adelante

Un corazon: que late por tus suspiros

Un suspiro: provocado por emociones

Las emociones: positivas y negativas

Una palabra: que el viento se lleva

La hipocresía: en tus manos.... una desprende la otra

Amigos: ningunos.... al final todos quieren tus logros

La envidia: que mortifica.... pues no triunfan como lo has hecho tú...

¡SI ME ESCUCHARAS…!

Unos ojos: que quisieran apreciar tu belleza

Un concejo: cuídate mucho

Una tristeza: te extraño

Un deseo: no te olvides de mí

Una mentira: no te amo

Un favor: nunca cambies

Un dolor: siento que sufres

La verdad: te amo mucho

Una esperanza: verte otra vez

Una fantasía: amanecer junto a ti

Un sufrimiento: no saber de ti

Una agonía: te fuiste para siempre

Una lucha: aceptar que no volverás

Un consuelo: observar tu retrato

Un sueño: juntos por siempre

Un espejismo: te veo donde no estas

Un alma: que te busca

Un corazón: que no te olvida

Una conciencia: que se pierde porque no estas

Un suspiro: cada vez que mi corazon te recuerda

Una boca: que aguarde por tus delicados besos

Unas manos: que quisieran sentir tu cuerpo nuevamente

Una vida: que no quiere existir si no estas

Un cuerpo: que aguarda reencontrarse con el tuyo

Una aventura: las que no vuelven..., sé que volverás...!

Un amor: el nuestro

Un te quiero: que aumenta y se transforma en un te amo

Un agradecimiento: a nuestro padre celestial por escucharme

y darnos la oportunidad de estar juntos nuevamente, dios nos bendiga...

SOLO DEJAME

Déjame llevarte a otro mundo con solo cerrar tus ojos...,

Déjame convertir tu timidez en valentía...,

Déjame llenarte todos los días de caricias hasta provocar o lograr que tus sentidos y sentimientos uno por uno se lleguen a desbordar...,

Déjame entrar en tu corazón para presentarle al mío y de cuenta te des que los dos sienten lo mismo y reaccionan a la misma vez...,

Déjame besar tu boca para que sientas mi aliento y el caliente de mis labios en ese momento...,

Déjame compararte con mis sueños y así descubrir que no solo en ellos eres mi vida y formas parte de todo mí existir...,

Déjame mirarte fijamente a los ojos permitiéndome definir o descubrir el misterio que hay en ellos más conociendo por esa parte todos tus anhelos...,

Déjame participar en tu cuerpo en los momentos que sientas liberar tus emociones y deseos para provocar el aumento de ellos dejándote complacida e insaciablemente pidiéndome más y más...,

Déjame enseñarte una pasión prohibida la cual se torna como pecado en nosotros y lo transformamos en amor...,

Déjame enseñarte que no eres solo un momento de placer y gusto, si no para que estés siempre en mi vida es lo que yo busco...,

Déjame estar en tu vida y provoques que la mía sienta que con locura te amé correspondiéndote yo a ti y evitar decir solo déjame...

SOLO ESCRITURAS

No envidies al que sobresale en la vida, supera tu envidia y haz por ti y para tu vida...

No llegues a rechazar a las personas por su nivel económico o color de piel, todos llevamos el mismo color de sangre y el dinero no es todo en la vida, llegas a este mundo sin el...

No seas egoísta no brindando ayuda a alguien que sabes que puedes ayudar colocando una expresión en tu boca y diciendo..., no es mi problema...

No juzgues a nadie, preferiblemente dale tu mejor consejo, recuerda que somos humanos y no perfectos, más en algún momento se reflejarán tus fallas y necesitarás un consejo y no a nadie que te juzgue...

No coloques tu vida sólo a una dirección, el camino por ella tiene muchos callejones los cuales algunos no tienen salida, es cuando necesitarás saber cómo salir o retroceder un poco y emprender un nuevo o correcto camino para llegar a donde quieres...

No te rindas por el cual no obtengas lo que desees con gran rapidez o facilidad, sé perseverante y esfuérzate más para obtener lo que deseas aplicándole a esa perseverancia que lo que fácil llegue a tu vida, rápida y fácilmente se irá como agua entre tus dedos...

SOLO PARA TI

Te regalo un clavel porque me has permitido de tu vida todo saber y entender....

Te regalo dos pompones porque el amor de nosotros tiene varias razones....

Te regalo una rosa no solo porque eres hermosa si no porque mi vida a tu lado es maravillosa...

Te regalo una violeta para que observes como en sus pétalos obscuros eh podido dibujar tu silueta...

No todas las diferentes clases de flores que te puedo regalar voy a mencionar pero en cada una de ellas puedo tu imagen apreciar y tu belleza visualizar, que solo entre ellas se me hace difícil poderte a ti encontrar...

SOLO UN SUEÑO

Caminando junto a ti observando el horizonte te hablo de amor en voz baja, volteo mi cara y descubro que no estabas, me detengo asombrado pensando que estabas tú a mi lado, corro hacia el frente y no estas presente, decido mirar hacia atrás y tampoco tu estas, caminando con cautela buscando solo donde queda con una mirada llena de esperanza y agonía me doy cuenta que si haz desaparecido de mi vida, mirando yo hacia arriba le pido al padre celestial que me regrese la vida y en un segundo me lo concedía dándome cuenta que mis ojos yo habría, solo era un sueño que en mi sucedía volteando la cara ahí yo veía el amor que pensé que yo perdería, le doy gracias mi padre que siempre está en mi vida y por la prueba que nunca pensé que él me daría...

SOLO UNA FOTO, SOLO UNA VOZ

Solo en una foto por primera vez te vi y desde ese momento tu imagen quedo grabada en mi, mirando tu foto y por escrituras contigo me comunicaba y la anciedad por saber de ti era lo que te contaba, en un momento oportuno tuve la dicha de tu voz escuchar sin poder las emosiones en mi controlar, desde entonces aumentaron los deseos de a tu lado poder estar mas hasta este momento nunca lo hemos podido realizar a pesar que bien cerca el uno del otro hemos llegado a estar, quizas no sea el momento oportuno de conocerte personalmente y sentir que estas en mi vida tatalmente, espero ese dia con ancias de no hablarnos solamente en la distancia y que pueda seguir en aumento nuestra confianza, por ahora me siento conforme aunque los deseos de verte sean enormes pues tengo solo una foto de ti y solo una voz que me complace a mi .... By JLMF

SOLO UNA ME ESCUCHA

Te busco sin oportunidad para encontrarte y mi corazon siente que de ti ha dejado de ser parte, vas y vienes cuando quieres comenzando mi corazon a sentir que ya no lo quieres, deseo hablarte y no me escuchas obteniendo una rutina diaria de que solo una me escucha, contestándome a mí lo mismo que te comento yo a ti con mi similar voz entrecortada sintiéndome en el medio de la nada, vuelvo a intentarlo una y otra vez pero eso tu no lo vez, solo importa tu espacio presente porque el mío en ti siempre está ausente, logrando al fin que una vez me escuches dejándote saber a todo lo que me conduces, te digo lo que siento y tu mente la dejas en un desierto dejándome en un desentendimiento, te vas de inmediato quedando yo a solas con este sentimiento el cual estaba en mi alma y tú lo has cambiado con tu propia calma, pues vuelvo a buscarte y sin tener suerte a encontrarte, ya no te esperare y una carga menos te quitare, más sabiendo tu que no me escuchas buscando siempre una excusa resignándome y entender que solo una me escucha...!(LA SOLEDAD)...

SOLO UNA OBSESION

Dices sentir odio por mí al saber que no siento amarte a ti, nunca te hable de amor ni pasión y no te das cuenta que lo que dices sentir es solo una obsesión la cual a tu corazón le hace daño y fingir amarte no puedo porque mi corazón no está capacitado para ningún tipo de engaño, pudiese corresponderte y así ver como dices hacer mi amor por ti latente, pero en mi corazón hay un amor existente el cual crece constantemente, tu obsesión no te hace a lo que deseas retroceder más espero que mis palabras con el tiempo te hagan entender que no puedo amarte, y por eso no puedes sentir odiarme ya que tu persona con otros ojos decidió mirarme deseando que yo de ti llegara a enamorarme...

SOÑANDO CONTIGO

En un atardecer esperando por ti tocan a mi puerta y te veo yo aquí, regalándome una sonrisa porque te das cuenta que mi piel se eriza, te tomo de la mano y te acerco hacia a mí porque tus labios quiero sentir, con flores y vino en la sala pues mi corazón te esperaba, sonriendo nuevamente por los detalles que siempre están presente, la tarde se despide y es cuando se define lo que nuestros deseos deciden comenzando un sueño real de tu y yo podernos amar, formalizando nuestros cuerpos en uno en el momento más oportuno, te acaricio como el primer día que derrochamos nuestras energías sudados los dos me decías que no me fuera de tu vida, quedando dormido de cansancio amaneciendo los dos en el mismo espacio, una brisa me despierta y es que de mí no te siento cerca, buscándote en el apartamento no te veo en ningún momento, me pregunto qué es lo que está pasando y es que contigo estaba soñando, tocan la puerta de repente y realmente te tengo frente a frente y es el momento de querer realizar todo lo que en mi sueño pude apreciar...

SORPRESA Y MEMORIA

Llegas de repente a mi espacio presente sin yo poder reconocerte pues tu físico es completamente diferente, no es que desee tu sorpresa opacar, si no.., que de ti no me puedo recordar obligándome a mi memoria irte a buscar, dices conocerme como la palma de tu mano y eso en mi ha causado que yo intente viajar hasta mi pasado, para lograr entender y lo que me dices reconocer deseándolo con todo mi ser por la sorpresa de todo tu de mi saber, logrando poco a poco recordar ahora la sorpresa te la he logrado yo dar, pues en mi memoria pude encontrar algunas experiencias que hoy día las podemos intercambiar, deseabas que recuerde y ahora me dices que detente porque quizás sientes en tu mente que de repente el pasado invade tu presente, no me has querido contestar por qué impides que yo del todo el pasado pueda recordar lo sucedido contigo en la vida mía, la sorpresa era para mí pero creo que mi memoria te la ha dado también a ti, sé que te ha hecho llorar porque te he podido transportar a ese pasado que nunca has querido olvidar y en tu memoria siempre ahí ha podido estar, sabemos que una sorpresa hemos tenido de ambas parte más en el presente nuestras memorias comparten recuerdos que no se olvidan porqué en nosotros aún dormían, y siempre de nuestras vidas han formado parte despertándolos en un instante...

TE IRE A BUSCAR

Deseando contigo estar porque eres la única que me ha sabido valorar y todo mis sentidos ya te comenzaron a extrañar, más donde quiera en el universo y fuera de él te eh ido a buscar, desapareciendo como huella en la arena que las olas siempre han de borrar o como cometa en el cielo que después de el mismo cruzar su luz se llega a apagar, y eso no dejara que mis deseos de encontrarte no los pueda lograr porqué mi búsqueda hasta tenerte no la voy a finalizar, iré a la luna porque eres única como ella y no te pareces a ninguna, iré a las nubes y de encontrarte ahí te darás cuenta hasta donde mis deseos de encontrarte suben, iré a un jardín de rosas aun sabiendo que se me haría difícil de encontrarte ahí porque eres como ellas de hermosas, en fin te iré a buscar hasta que en mis brazos yo pueda lograr que estés, esperando que sea la última vez que en mi vida te deje de ver...

TE SIENTO PERO NO TE VEO

Año tras año todo los días aumentan mis deseos de poder verte pues desde que te fuiste en mi mente te eh dejado presente, sintiendo volverme loco diciendo incoherencias tus recuerdos frente a mi yo coloco y en ocasiones tengo la sensación en mis manos de que tu rostro yo toco, desapareciendo en el aire provocando en mi corazón un desaire, recordándote mucho más en los días más especiales del año como cuando se acerca tu cumpleaños, escuchando tu voz de momento siento que en mi estás dentro, haciendo más difícil aceptar que a mi lado en este presente ya no puedes estar, más para mis deseos de re-encontrarte tendré que esperar, y mi corazón de paciencia y sabiduría llenar hasta el día que nuestro padre celestial decida que a su lado yo también he de estar y mientras llega ese momento como ángel al lado mío te poder visualizar, para así poderme cuidar y por eso tu rostro con mis manos senti que he podido tocar...

TE VI EN MIS SUEÑOS ANTES DE CONOCERTE

Desde que te conocí senti en mi corazón que ya habías estado en mí, me cuestionaba porque tú en mi memoria estabas, tu pelo me era familiar pues sentía que en algún momento lo había podido acariciar, tu boca me enloquecía y al mirarla me decía si era posible volver hacerla mía, tus ojos que al mirarlos con detención sentía que de los míos tomaban posesión, asegurando con precisión haber obtenido con anticipación miradas de retos y definición, en fin tu cuerpo entero por el cual mi alma entra en desespero paralizando mi ser entero, la razón me dice detente para que deje de ser insistente por toda idea en mi mente y entender que fue de repente que imagine tenerte aquí frente a frente, y que nunca eh tenido nada contigo, simplemente te vi en un sueño obtenido en el cual visualizaba que estábamos unidos, me siento afortunado porque te tengo a mi lado ya juntos finalmente y afirmo ser un hombre con suerte pues siempre estuviste presente aún en mis sueños antes de conocerte...

UN AMOR, MI AMIGO Y YO

Llega el amor a mi vida inesperadamente, entrando en mi corazón sin avisar ajeno como rápidamente pudo pasar, a mi amigo se lo llegue a comunicar con una alegría similar con la casualidad de por lo mismo el también atravesar, intercambiando hechos y palabras similares que ambos decíamos sentirnos especiales, alegre porque mi amigo al igual que yo había encontrado el amor de su vida, dándonos cuenta con el tiempo que era el mismo amor y una pasión compartida, invadiéndonos la traición perdiendo los dos doblemente a un amor y un amigo rápidamente, sintiéndonos heridos con el corazón hecho pedazos y la confianza perdida por un amor que ha jugado con nuestras vidas, cuestionándonos sin tener una respuesta o llegar a una conclusión pues toda esta confusión nos ha dejado sin razón, limitándonos a creer en un futuro o verdadero amor que se acerque a nuestro presente por ese desamor que estará por mucho tiempo en nuestras vidas existente, llegando a conocer que no era la primera vez que esa persona sentir por alguien amor decía quedando nosotros similar a otros..., saber que nos mentía...

VIAJE A TU INTERIOR

Senti mi cuerpo colapsar y era de tanta vuelta que en tu cabeza acababa de dar, en ese único desmallo senti que al interior de tu cuerpo había llegado, tu conciencia me decía todo el amor que me tenías, rápidamente en mi frente alguien me decía detente y era tu subconsciente que me enseñaba mi imagen de frente, escogiendo un camino al azar sin poderlo rechazar cerquita de tu oído pude estar y así logre escuchar todo lo que de mi sentías expresar, desplazándome con precisión llegue hasta tu visión llenandome de emoción al ver que soy tu mayor ilusión, intentando ir a otro lugar a tu razón pude encontrar y ella me quiso afirmar que siempre me has sentido amar, obteniendo el empeño de llegar donde sé que soy el dueño utilizo las emociones que a tu corazón se exponen y son las con o sin razones entran y salen sin rencores, no tuve que decir nada pues él sabía que en tu interior yo estaba, pacientemente el esperaba mi llegada y frente a él le confesaba directamente de la manera que yo te amaba, ya estaba volviendo en sí y el viaje a tu interior ya iba a terminal y del dolor en tu alma yo me pude percatar sintiéndola llorar pidiéndome que de tu lado nunca me fuera a apartar, más para poderla tranquilizar a ella la tuve que abrazar y como me tenía que marchar le prometí que a tu lado siempre iba a estar sin dejar que nada ni nadie nos llegara a separar...

VIAJE DE EXPRESIONES

Si vamos a España veras que nada mi amor lo empaña...

Si llegamos a Rusia mi corazón a todos por ti mi amor anuncia...

Al llegar a Japón te expreso que por ti siento una gran pasión...

Estando ya en África te darás cuenta que mis expresiones hacia ti son automáticas...

De estar en China sabrás que nuestro amor no es ninguna rutina...

Llegando a Cuba veras que mi amor hacia ti no tiene dudas...

Estando en República Dominicana todo sentimiento aumenta cada mañana...

Viajando a Puerto Rico nuestra isla...., nuestro amor aleja todo lo negativo y lo aísla...

Cuando viajamos a Francia nuestros sentimientos despliegan una amorosa fragancia...

Dándole una visita a Italia mi vida ya no la siento solitaria...

Viajando atreves del mundo siempre mi amor te expresare para que sientas que donde quiera que estés en tu corazón y vida yo siempre estaré...

VIENDOTE EN SILENCIO

Te quiero y no tengo el valor de frente a ti confesarme, con temor a incomodarte y no vuelvas a mirarme, existiendo este sentimiento en mi desde el mismo día que tuve la oportunidad de conocerte, mirándote viajo a otro mundo donde tú y yo solos estamos juntos, sentados en un jardín de rosas observando tu cara preciosa que por la brisa que sopla el viento tu pelo la rosa, volviendo en si de repente a este mundo existente pues de él me fui para a mi lado tenerte, pasan los días y no te veo provocando en mi un desespero, de querer verte para nuevamente en otro mundo a mi lado tenerte, decido de valor llenarme para terminar con este silencio que ha logrado controlarme, pero esa decisión la eh tomado tarde, pues te vi otra vez pero con alguien que de tu vida ya ha formado parte, porque el no solo como yo se conformó con mirarte y ahora si tendré que conformarme, de en este presente solo quedarme y en silencio yo a ti mirarte...

VISION OBSCURA

Deseo describirte en todo los poemas que para ti pueda escribirte, con la sabiduría y el arte de sentir con todo mi corazón amarte, el cual tomó la decisión de solo a ti esperarte, sin a nadie más mirar ni llegarte a comparar, siendo única en mi presente y para mi futuro que se acerca de prisa y no dice detente, te eh expresado mis sentimientos en las escrituras, con la tristeza de que en algún momento mi vista se torne obscura sin obtener la posibilidad de una cura, limitándome a expresarme con mis románticas letras y sutiles expresiones como de costumbre para ti, obedezco la musa cada instante que se me presenta a mí, no termino esta escritura, poema o expresión sin antes decirte nuevamente que mi corazón hacia el tuyo siente una inmensa pasión, y en el para toda la vida dura aunque llegue el momento de tener mi visión obscura...

VISITA SILENCIOSA

Tiempo atrás tuve una visita inesperadamente la cual se ha quedado en mi vida presente, sintiendo con el paso del tiempo que se quedara conmigo permanente, intentando establecer una conversación amigable lo único que obtengo es un silencio desagradable quedando yo solo en mi imaginación escuchar que me hable, contestándome a mí las preguntas repetidas al final varias veces por el eco en el vacío, quien se arrima a mi visita silenciosa dejando mi alma ansiosa, creando un diario vivir rutinario, el cual inconscientemente sigo hasta el punto de ya no saber ni lo que digo, entrando en confusión a base del rumor escuchado, de algunas personas afirmar que la costumbre puede más que el amor evadiendo la soledad para no caer en ansiedad y temor, sin tomar en cuenta de amistades algunos concejos los cuales para tu propia vida los vez lejos, por el hecho de pensar que ellos no están atravesando por lo que en tu presente estas pasando, intentas recapacitar y tu alma de esperanza llenar para así junto el tiempo esperar alguien que tu vida pueda valorizar sin tener que contigo mismo dialogar y el eco de ti solo escuchar...

EL VEREDICTO

Tu caso ha sido anulado porque acusas a la persona que siempre ha estado a tu lado y a tu corazon no lo ha dañado si no que le ha otorgado un amor jamás esperado y ese arte del que hablas acusando a esa persona porqué de tu corazón se apodera y es que ha buscado la manera de como estar en tu vida donde quiera más tu persona ha permitido que haga en tu vida lo que quiera, en el delito de la conciencia.., nadie tiene valor ni paciencia para soportar una ausencia, en la acusación hacia tu memoria del haber grabado su semblante, la veo como no culpable por razones inexplicable sabes que su cuerpo mirabas donde quiera que ella estaba y por eso en ti quedaron grabadas, tu alma se envolvió y no es culpable de lo que sucedió solo su ser a utilizado y te ha dejado asombrado de la manera que te has acostumbrado que solo a ella tu alma a mirado, el subconsciente el cual en todos los casos de tu vida existente siempre está presente más lo esperaba con honor para el veredicto de este juicio de amor, en tus venas dices sentir una corriente surgida desde el primer día que la vistes de frente, de ese delito no la puedes acusar por lo que en ti llego pasar pues solo hacia ti se pudo presentar de una manera normal aunque una pasión pudo en ti provocar llegándola a descontrolar más tus ilusiones aumentar y tus atenciones solo para ella estar, tu vida se expresa con destreza y gran sutileza atreves de los sentidos que haz traído como testigos, de tu sistema auditivo dices a nadie más escuchar y de eso a nadie puedes culpar pudiéndolo así analizar, con el olfato afirmas saber en todo instante que está cerca de tu ser y eso no puede aquí proceder porque nunca se lo dejaste saber, con tus ojos tienes doble acusación porque por ellos en tu memoria ella está en toda ocasión de este obtienes la anulación quitándote la razón pues doblemente para un delito no puedes tener la misma o similar acusación, el tacto el cual afirmas haber provocado en ti un gran impacto por haberla acariciado dejando esa otra acusación fuera en esta ocasion porque tus caricias hacia ella fueron completamente tu decisión, de la boca comentas que el sabor de ella encuentras, tampoco este delito prevalece porque se ve en ti que crece los deseos de sentir sus labios en los tuyos sintiendo que tu cuerpo estremece, en la primera vista hubieron confusiones pero ya tenemos las conclusiones brindándote las razones, eres un ser inteligente y a la persona que acusas es inocente solo te brindó en tu presente un amor jamás existente para que quedara en ti eternamente, el caso ha concluido con el juez llamado cupido espero lo hallas entendido y de todo lo acontecido obtuviste el veredicto más en este juicio de amor el caso ha sido cerrado quedando los dos abrazados sin querer el uno del otro estar separados...

Autor
JOSE L. MACHUCA FUENTES
Nacido en Carolina, PR
08/10/1971